BEI GRIN MACHT SICH IHR WISSEN BEZAHLT

- Wir veröffentlichen Ihre Hausarbeit, Bachelor- und Masterarbeit

- Ihr eigenes eBook und Buch - weltweit in allen wichtigen Shops

- Verdienen Sie an jedem Verkauf

Jetzt bei www.GRIN.com hochladen und kostenlos publizieren

Nico Scheibelhut

Aspekte personalen Erzählens am Beispiel des Romans 'Amado Amo' von Rosa Montero

GRIN Verlag

Bibliografische Information der Deutschen Nationalbibliothek:

Die Deutsche Bibliothek verzeichnet diese Publikation in der Deutschen National-
bibliografie; detaillierte bibliografische Daten sind im Internet über http://dnb.d-
nb.de/ abrufbar.

Impressum:

Copyright © 2004 GRIN Verlag GmbH
Druck und Bindung: Books on Demand GmbH, Norderstedt Germany
ISBN: 978-3-656-57100-1

Dieses Buch bei GRIN:

http://www.grin.com/de/e-book/86864/aspekte-personalen-erzaehlens-am-beispiel-
des-romans-amado-amo-von-rosa

GRIN - Your knowledge has value

Der GRIN Verlag publiziert seit 1998 wissenschaftliche Arbeiten von Studenten, Hochschullehrern und anderen Akademikern als eBook und gedrucktes Buch. Die Verlagswebsite www.grin.com ist die ideale Plattform zur Veröffentlichung von Hausarbeiten, Abschlussarbeiten, wissenschaftlichen Aufsätzen, Dissertationen und Fachbüchern.

Besuchen Sie uns im Internet:

http://www.grin.com/

http://www.facebook.com/grincom

http://www.twitter.com/grin_com

Georg-August-Universität Göttingen
Seminar für romanische Philologie

Proseminar: Análisis de textos literarios II: textos españoles

Abgabetermin: 31.03.04
WS 2003/2004

Hausarbeit:

Aspekte personalen Erzählens

Am Beispiel des Romans

Amado Amo

Verfasst von:

Nico S. Scheibelhut

Inhaltsverzeichnis

1 Einleitung

In dem Roman *Amado Amo*[1] von Rosa Montero lernen wir den etwa 50jährigen César, einen Artdirector einer Madrider Werbeagentur, kennen, der zunächst erlebt, wie man seinen Kollegen Matías langsam aus der Firma drängt, in der ein ständiger Machtkampf um die Positionen herrscht. César ist ausgebrannt und bald soll ihn daher dasselbe Schicksal ereilen.

Anhand dieses Romans soll im Folgenden das personale Erzählen erläutert werden, das „seit der zweiten Hälfte des 19. Jahrhunderts" die Romanentwicklung bestimmt hat (vgl. STANZEL, 1967, S. 39). Die wichtigsten Aspekte dieser Technik sind das Vorherrschen einer Reflektorfigur[2] und das Überwiegen der Innenperspektive (Vgl. STANZEL, 1989, S. 81)

2 Dominanz einer Reflektorfigur

In der personalen Erzählsituation wird das Geschehen aus der Sichtweise einer[3] bestimmten beteiligten Figur, der sogenannten Reflektorfigur, vom Erzähler geschildert. Diese wird hier verkörpert durch César. Zu Beginn unseres Romans beobachtet er seinen Kollegen Matías, der seinen Firmenparkplatz belegt vorfindet:

(S. 9) « Al entrar en el aparcamiento subterráneo casi se empotró contra la trasera de un automóvil rojo. El otro conductor sacó la cabeza por la ventanilla: una coronilla rala, unas mejillas blandas y enrojecidas, unos ojos hinchados. [...] Matías se apeó hecho una furia: Maldita la leche que, me cago en la, hay que joderse con el.»

Bereits in diesen ersten Zeilen wird dem Leser deutlich, dass die Reflektorfigur in ihrer Wahrnehmung durch ihre „subjektiv-psychologische Sichtweise eingegrenzt" ist; sie kann demnach Nebenfiguren nur von außen betrachten. (Vgl. VOGT, S. 54f.) Die Formulierung "mejillas blandas y *enrojecidas*" beweist, dass hier aus der speziellen Sichtweise Césars gesprochen wird, der Matías demzufolge auch mit normaler Gesichtsfarbe kennen muss.

Der Leser erlebt die „dargestellte Wirklichkeit <als> unkommentierte Spiegelung [...] im Bewusstsein einer Romangestalt" (vgl. STANZEL, 1989, S. 70). Informationen

---

[1] Im weiteren Text mit A.A. abgekürzt.
[2] die durch ihre Nichtidentität mit dem Erzähler definiert wird
[3] oder mehreren

2

über andere Figuren erhält er also nur durch Gedanken und Dialoge der Reflektorfigur[4].

Dies zeigt sich als Matías ausgerechnet vom Parkhauswächter die vielsagende Nachricht erhält, dass sein Platz ohne sein Wissen einem anderen Mitarbeiter zugewiesen wurde:

(S. 10) « Matías abrió la boca, la cerró. Y César pensó: Está acabado.»

Durch diesen kurzen Gedanken der Reflektorfigur erfährt der Leser, wie es aus Césars Sicht um Matías steht: Er wirkt hier hilflos wie ein Fisch auf dem Trockenen. Und er ist es auch, denn er ahnt, dass der Verlust seines Firmenparkplatzes gleichzeitig auch den Verlust seines Arbeitsplatzes bedeutet.

Ähnlich informativ sind die Dialoge. Da Matías in keiner Weise begreifen will, dass ein Gespräch mit dem für den Parkplatzverlust verantwortlichen Vorgesetzten erfolglos sein wird, versucht César im Fahrstuhl zum Büro das Thema zu wechseln:

(S. 13) « Hay que dejar de fumar, bromeó César mientras encendía un cigarillo. ¿Y dices que tú le das las llaves al encargado? Eso es. Pero yo tengo que hablar con Pittbourg, insitió Matías empecinadamente. Pobre infeliz, se dijo César.»

In diesem kurzen Dialog erfährt der Leser, dass Matías gewissermaßen „mit Tunnelblick" auf eine mögliche Bewältigung seines Problems starrt. Daher geht er auf eine scherzhafte Bemerkung Césars gar nicht ein, sondern wiederholt gebetsmühlenhaft seinen Plan mit eben dem Vorgesetzten zu reden, der ihn bei der Firmenparkplatz-Entscheidung bezeichnenderweise außen vor gelassen hat. César zieht mitfühlend für sich den Schluss, dass Matías nicht mehr zu helfen ist.

Die *Reflektorfigur* „nimmt wahr, empfindet <und> registriert".[5] (Vgl. STANZEL, 1989, S. 194)

Das Zurücktreten des Erzählers, der im eigentlichen Sinne Übermittler zwischen Geschehen und Leser ist, und die Dominanz der Reflektorfigur lassen im Leser „die Illusion der Unmittelbarkeit seiner Wahrnehmung" entstehen. (Vgl. STANZEL, 1989, S. 71)

Anders als im auktorialen Roman, in dem der Erzähler allwissend und allgegenwärtig ist, zieht er sich im personalen Roman so stark hinter das Geschehen zurück, dass der Leser den Eindruck hat, dieses Geschehen direkt aus der Sicht der Reflektorfigur

---

[4] Stanzel spricht in diesem Zusammenhang auch vom „personalen Medium" (vgl. STANZEL, 1967, S.43)

[5] Die *Erzählerfigur* im älteren Roman hingegen „erzählt, berichtet, [...], übermittelt, korrespondiert, [...], bezieht sich auf ihr eigenes Erzählen, redet den Leser an <und> kommentiert das Erzählte".

zu erleben. Er kann hierbei dazu neigen, Erzähler und Reflektorfigur als eine Person wahrzunehmen. Doch personales Erzählen ist nach Stanzel auch durch die „Nicht-Identität der Seinsbereiche" von Erzähler und Reflektorfigur charakterisiert (vgl. STANZEL, 1989, S. 71).

Der Leser wird zwar nicht mehr durch direkte Stellungnahmen des Erzählers gelenkt, dennoch „unterschwellig" in seiner Haltung und in seinem Urteilsvermögen beeinflusst, da der Autor als Wortgeber natürlich weiterbesteht. (Vgl. STANZEL, 1967, S. 40ff.)

3. Dominanz der Innenperspektive

3.1 Erlebte Rede

Ein weiteres Merkmal für personales Erzählen ist die Wahl der Innenperspektive. Aus ihr werden Gefühle und Gedanken der Reflektorfigur dargestellt, die sich mit dem Leser den gleichen Bewusstseinshorizont teilt. Die diesen betreffenden inneren Vorgänge werden mit Hilfe der sogenannten erlebten Rede wiedergegeben. Charakteristisch ist dabei die Überlagerung der Erzähler- und der Romanfigurstimme. Hierbei spricht „vom grammatischen Standpunkt her der Erzähler [...], dem Sinn nach aber die Gestalt". Mit Sinn ist gemeint, dass Stil und Wortstellung verwendet werden, wie sie die Gestalt selbst wählen würde. (Vgl. HORN, S. 130) Die erlebte Rede ist eine Zwischenform aus monologischer direkter und indirekter Rede und Bericht, die in der 3. Person Singular im Präteritum wiedergegeben wird. (Vgl. www.katz-heidelberg.de/Hilfen/Formen_des_Erzahlens/Erzahlperspektiven/body_erzahlperspe ktiven.html) Sie verzichtet häufig auf einleitende sogenannte verba credendi (z.B. dachte er). (Vgl. www.uni-essen.de/literaturwissenschaft-aktiv/Vorlesungen/epik/erlede.htm)

Die erlebte Rede kann beispielsweise in der folgenden Szene beobachtet werden: Nachdem Matías in seinem Büro verschwunden ist, steht César noch unter dem Eindruck des gerade Erlebten, aber er schiebt es brüsk von sich weg:

(S. 14) «En fin, que se fastidie. Además no cabía la menor duda de que el asunto era ridículo. Tanta tragedia por una menudencia semejante, por unos metros cuadrados de garaje. Desde luego él, César, no se lo había tomado de ese modo. Claro que lo suyo era distinto. Como tú vienes tan poco por aquí es una pena desperdiciar así el espacio, le dijo Morton. Sonriendo. Pero había algo en el tono que

raspó sus oídos. ¿Eso de que vengo tan poco es un reproche?, respondió César con forzada jovialidad.»

Hier ist die Überlagerung von Erzähler- und Romanfigurstimme deutlich zu erkennen. Obwohl hier von César in der 3. Person gesprochen wird, deutet die umgangssprachliche Wortwahl darauf hin, dass es sich um Gedanken Césars handelt. Mit diesen Gedanken schiebt er zunächst eine Vergleichbarkeit seiner Situation mit der von Matías von sich weg, kommt dann aber bei der Formulierung seines Chefs *«Como tú vienes tan poco por aquí...»* zu der Vermutung, diese Worte seien ein erstes Indiz für die Unsicherheit seines eigenen Arbeitsplatzes. Von diesem Moment an wird die Reflektorfigur selbst Opfer seiner bisher nur auf Matías bezogenen Befürchtungen.

3.2 Rhetorische Fragesätze

Eine weitere Erscheinungsform der erlebten Rede ist die Aneinanderreihung „rhetorischer   Fragesätze"   (vgl. www.teachsam.de/deutsch/d_literatur/d_gat/d_epik/strukt/darb/darb_fig_erl_3.htm). Ein Beispiel dafür findet sich, als Nacho, Césars größter Konkurrent in der Firma, die Verleihung des Golden Globe feiert. Auch César ist eingeladen, der inzwischen zunehmend mit Selbstzweifeln zu kämpfen hat und dessen Misstrauen seinen Kollegen gegenüber ständig wächst, versucht sich zu erklären, weshalb gerade seine Beine - zur Belustigung seiner anwesenden Kollegen - zum Objekt der Begierde eines kleinen Hundes werden:

(S. 60) « Y ahora que lo pensaba bien, ¿no resultaba sorprendente que el maldito perro le hubiera escogido precisamente a él? ¿De entre un centenar de piernas todas igual de apetecibles? ¿No era hasta demasiado sorprendente? ¿Incluso se podría decir que sospechoso? ¿No podría Nacho...? O quizá Tessa. No podrían haber enseñado al animal para que fuera a refrotarse exactamente contra él, César, y no contra otro?»

Diese Aneinanderreihung von Fragen macht deutlich, dass Césars Misstrauen mittlerweile bereits verfolgungswahnähnliche Züge aufweist. Er unterstellt seinen Kollegen nicht mehr nur, dass sie ihn aus der Firma drängen wollen, sondern sogar das Abrichten eines Hundes, um ihn vor den anderen zu blamieren.

Zudem fördert das Abbrechen einer Frage für den Leser den Eindruck, unmittelbar beim Entstehungsprozess seiner Wahnvorstellungen anwesend zu sein. Césars

5

Erklärungsversuche müssen auf den Leser abstrus wirken, da ein derartiges Verhalten von Hunden nicht außergewöhnlich ist. Es zeigt viel mehr seine Labilität und die derzeitig klägliche Verfassung seines Selbstbewusstseins.

3.3 Innerer Monolog

Im Gegensatz zur erlebten Rede, bei der der Erzähler noch ansatzweise spürbar ist, ist er bei der Form des inneren Monologes nicht mehr präsent. Dieser wird in der 1. oder auch 2. Person Singular wiedergegeben. Der Erzähler „schlüpft in eine Figur hinein"; so hat der Leser die Illusion, sich direkt im Bewusstseinszentrum der Figur zu befinden. (Vgl. www.teachsam.de/deutsch/glossar_deu_p.htm) Ein Beispiel für den inneren Monolog findet sich ebenfalls in der Darstellung der oben erwähnten Golden-Globe-Feier. César ist nervös, fühlt sich unsicher und beobachtet:

(S. 61) « Calma calma calma, se dijo César. Estás desbarrando, amigo. Estás verdaderamente desquiciado. Morton, Paula y los demás siguen charlando al otro lado de la sala. Y se ríen. Pero Smith te está mirando, la señora Smith te está mirando, Miguel te está mirando, Pittbourg te está mirando, incluso Matías te está mirando. ¡Compórtate! Te miran porque te saben distinto, como el perro. Así es que actúa como una persona normal. Engáñalas fingiendo que eres como ellos. Enciende un cigarillo; [...] levanta el vaso en un mudo y simpático brindis por encima de las cabezas de la gente: así. ¿Te das cuenta? Piensan que todo marcha bien, ya van dejando de mirarte, se desentienden de ti; Smith, la señora Smith, Miguel, Pittbourg, incluso Matías. Todos vuelven a lo suyo. Por esta vez, César, te has salvado. »

Durch diese Erzähltechnik verrät er dem Leser, wie isoliert er sich fühlt, ohne einen Gesprächspartner, der ihn auffangen könnte; gleichzeitig aber den kritischen Blicken seiner Kollegen derart ausgeliefert, dass er sich nur mit Hilfe einer Inszenierung einen zeitlich befristeten Schutzraum schaffen kann.

3.4 Szenische Darstellung

Im personalen Roman wird die Handlung durch die Reflektorfigur szenisch dargestellt. Das heißt, es werden nur Momente geschildert, die aber in ihrer ganzen „Dichte und Simultanität der Eindrücke, Gedanken, Erinnerungen und Assoziationen" dargestellt werden. (Vgl. STANZEL, 1967, S. 49) Außerdem wird „das Erzählte >als< durchgehend [...] in der Vergangenheit liegend aufgefasst" (vgl. STANZEL, 1967, S.

16). So erlebt der Leser die oben bereits erwähnte Feier Nachos ein gesamtes Kapitel lang aus der Sicht der Reflektorfigur, die in immer wieder neuen Anläufen über den Gastgeber, seinen großen Gegenspieler, nachdenkt. Dort fühlt er sich nicht nur isoliert, sondern auch erniedrigt, und das in besonderer Weise, da sich ein « *maldito perro* » *(S. 53)* in penetranter Weise für sein Bein interessiert.

Es kommen hier „leitmotivische Kompositionen (ein Wort-, Gesten- und Dingmotiv kehrt an bestimmten Stellen bedeutungsvoll wieder)" zum Einsatz (vgl. STANZEL, 1967, S. 50). So taucht der « *maldito chucho* » *(S. 59)* wie ein roter Faden zehn Mal während des "Golden-Globe-Kapitels" auf; immer wieder mit dem Effekt, dass sich das Minderwertigkeitsgefühl der Reflektorfigur César die gesamte Feier über erhält. Drei Beispiele sollen hier genügen:

(S. 45) « César estaba tan elegante como todos los demás [...], pero el maldito perro parecía haberlo descubierto que con su olfatoinfrahumano, el maldito perro le había seleccionado a él y sólo a él de entre los ejecutivos presentes, todos iguales en sus trajes de doble botonadura, todos aparentemente idénticos bajo la envoltura de franela gris o alpaca azul marino.

(S. 46) « Nacho había invitado a todo el mundo, incluso a Matías [...]. Y pese a todo el maldito perro le había escogido a él, César; quizá Matías apestaba demasiado a muerto. »

Und dann der unsanfte Abgang des Hundes:

(S. 69f.) « El perrito seguía trepando por la pierna de César, persiguiendo un placer imposible [...] César pegó al `teckel´, lo lanzó volando por los aires a más de un metro de distancia [...] Cómo has podido hacer una cosa así, exclamaba Tessa mientras recogía des suelo el puñado de pelos gimoteante, nunca te creí capaz de comportarte de este modo. »

Dieser bewirkt, dass César am Kapitelende nicht mehr nur wortlos isoliert und sozusagen ein „Hundepartner" ist, sondern nun auch verbale Ablehnung erfährt.

Ebenso zieht sich der Selbstvorwurf, überhaupt zu dieser Feier gekommen zu sein, leitmotivisch durch das gesamte Kapitel. Zwei Beispiele sollen genügen:

(S. 46) « César sabía que no debía haber venido. Pero, ¿cómo negarse? [...] De modo que ahora estaba aquí , sintiéndose como un cordero en la guarida de un león y repartiendo sonrisas mentirosas. »

(S. 47) « Está bien, pensó César, me he equivocado. He hecho mal viniendo a esta maldita fiesta. »

Der Leser erfährt kaum etwas von dem Ablauf der Feier, sondern folgt den Assoziationen Césars, während er den bewunderten, beneideten, aber auch gefürchteten Nacho zum Gegenstand seiner Gedanken macht. Als Wortmotiv taucht er mehr als zehn Mal im ganzen Kapitel auf. Stellvertretend zitiere ich:

(S. 63) « Por ejemplo: el que Nacho se hiciera cargo de la campaña de bronceadores que había empezado <Cesar>.»

(S. 64) « Por ejemplo: los apuñalamientos por la espalda. El que Nacho se hubiera pasado dos semanas trabajando secretamente tarde y noche para presentar una crítica demoledora a >la< campaña >de César< y un proyecto alternativo.»

(S. 65) « ¡Por ejemplo! La malevolante astucia de Nacho, su asombrosa habilidad para contaminar el are. César fue un profesional estupendo, decía Nacho a veces; [...] con qué dominio utilizaba Nacho el tiempo pasado de los verbos, [...].»

Mit jeder einzelnen Erwähnung Nachos illustriert César beinahe selbstquälerisch seinen eigenen Niedergang, der ihn offenbar manisch beschäftigt.

4 Die Zeit

In der personalen Erzählung, wie auch in jedem anderen Erzähltypus, lässt sich die Zeit in zwei Ebenen unterteilen. Günther Müller hat in diesem Zusammenhang die Begriffe „erzählte Zeit" und „Erzählzeit" geprägt. Unter ersterem wird die Zeit, „die in der Geschichte selbst [...] vergeht (die Zeit des ´Inhalts`)" verstanden. Mit Erzählzeit hingegen ist die Zeit gemeint, die der Autor für die „sprachliche[n] Realisierung" in Zeilen benötigt. Die Diskrepanz dieser beiden Ebenen kann sehr groß sein. (Vgl. www.uni-essen.de/literaturwissenschaft-aktiv/Vorlesungen/epik/erzeit.htm) In den meisten Erzählungen ist die erzählte Zeit länger als die Erzählzeit. Hier spricht man von „zeitraffendem Erzählen" (Vgl. www.uni-essen.de/literaturwissenschaft-aktiv/Vorlesungen/epik/zeitraff.htm) Ist jedoch die Erzählzeit länger als die erzählte Zeit, wie es im vorliegenden Roman häufig der Fall ist, nennt man dies „Negative Raffung" oder „Dehnung". (Vgl. LÄMMERT, S.83f.) Hier wird durch erlebte Rede von „Bewusstseinsvorgängen, die einen kurzen Handlungsschritt begleiten", berichtet. (Vgl. HORN, S. 136) Solch eine Dehnung findet sich gleich im ersten Kapitel des vorliegenden Romans. Für das Geschehen im Parkhaus und im Fahrstuhl können etwa 10-15 Minuten veranschlagt werden. Es wird jedoch auf knapp neun Seiten geschildert.

Diese Bewusstseinsvorgänge beschäftigen sich vorwiegend mit dem von der Entlassung bedrohten Kollegen Matías, sowie mit den eigenen in diese Richtung gehenden Ängsten. (Vgl. Dominanz einer Reflektorfigur ff.)

5 Schlussbetrachtung

Das personale Erzählen ist eine Technik, die es dem Leser erlaubt, scheinbar direkt aus dem Bewusstsein einer Romanfigur zu „erleben". Er kann, wie in A.A., durch das hohe Maß an Unmittelbarkeit und Authentizität einen persönlichen Bezug zur Reflektorfigur aufbauen. Diese Unmittelbarkeit wird hauptsächlich durch die Verwendung der Erlebten Rede und der Sicht aus der Innenperspektive der Reflektorfigur erzeugt.

Diese Reflektorfigur ist hier, im Gegensatz zum älteren Roman, kein Held mehr, sondern vielmehr eine Person „aus dem Leben", der in A.A. aus ihrer Sicht das Alltagsproblem *Mobbing* widerfährt.

6   Literaturverzeichnis

- HORN, András: *Theorie der literarischen Gattungen*, Würzburg, 1998
- LÄMMERT, Eberhard: *Bauformen des Erzählens*, 8. Auflage Stuttgart, 1993
- MONTERO, Rosa: *Amado Amo*, Madrid, 1988
- STANZEL, Franz K.: *Typische Formen des Romans*, 3. Auflage Göttingen, 1967
- STANZEL, Franz K.: *Theorie des Erzählens*, 4. Auflage Göttingen, 1989
- VOGT, Jochen: *Aspekte erzählender Prosa: eine Einführung in Erzähltechnik und Romantheorie*, 7. Auflage Opladen, 1990
- www.katz-heidelberg.de/Hilfen/Formen_des_Erzahlens/Erzahlperspektiven/body_erzahlpersp ektiven.html (21.03.04)
- www.teachsam.de/deutsch/d_literatur/d_gat/d_epik/strukt/darb/darb_fig_erl_3. htm (21.03.04)
- www.teachsam.de/deutsch/glossar_deu_p.htm (21.03.04)
- www.uni-essen.de/literaturwissenschaft-aktiv/Vorlesungen/epik/erzeit.htm (21.03.04)
- www.uni-essen.de/literaturwissenschaft-aktiv/Vorlesungen/epik/erlede.htm (21.03.04)
- www.uni-essen.de/literaturwissenschaft-aktiv/Vorlesungen/epik/zeitraff.htm (21.03.04)